미국박죽 미로 아일랜드

© 아르크투루스 편집부, 2012

초판 1쇄 인쇄일 2013년 12월 26일 **개정판** 1쇄 발행일 2015년 1월 2일

지음 아르크투루스 편집부 **옮김** 강현정
펴낸이 김지영 **펴낸곳** 자음과모음 **편집** 김현주
마케팅 김동준·조명구 **제작** 김동영

출판등록 2001년 7월 3일 제2005-000022호 **주소** 121-895 서울시 마포구 서교동 400-16 3층
전화 (02)2648-7224 **팩스** (02)2654-7696

ISBN 978-89-5979-362-4(64690)
978-89-5979-364-8 (SET)

• 책값은 뒤표지에 있습니다.
• 잘못된 책은 교환해 드립니다.

로켓 발사

다음 게임을 하려면 로켓을 타고 가야 해요. 하지만 이 중에서 작동하는 로켓은 네 대뿐입니다. 작동하는 로켓은 네 대의 똑같은 로켓을 찾아보세요.

A B C D
E F G H
I J K L

제자리에, 준비, 출발!

우주 레이스

서둘러요! 조그 행성에서 열리는 대회에 늦었어요! 지피가 제시간에 도착할 수 있도록 도와주세요!

우주 게임

다시오는 조그 행성의 우리피 낱말자 줄에서 자리를 뒤바꾸었군요? 단어들을 다시 순서대로 맞춰보세요!

crotek   r _ _ _ _ _ _
mecot   c _ _ _ _ _
netpal   p _ _ _ _ _
remote   m _ _ _ _ _ _
tiodaser   a _ _ _ _ _ _ _
sleepcotet t _ _ _ _ _ _ _ _ _

은하계 올림픽

조그 행성에서 은하계 퍼즐 올림픽이 열린다는데요. 지피는 이 대회에서 우승을 할 수 있을까요?

두뇌 게임

다음 지문에 답하여 알맞은 표를 찾아보세요.

A 유니콘의 머리에 있는 것은?
B 고양이의 무엇을 빼면?
C 알파벳 두 번째 글자는?
D 18 ÷ 2 = ?

A B C D

2

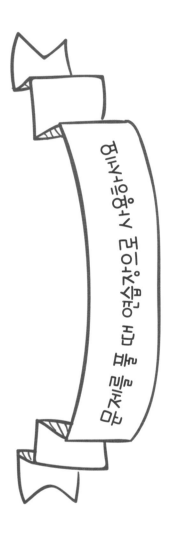

다이빙하는 날

누가 다이빙을 하러 갔을까요? 누가 물갈퀴와 연결되어 있는지, 누가 잠수화를 가졌는지 앉아맞혀 보세요.

D
C
B
A

별 낚기

빨강해적선 사라 베이 요트를 타고 있어요! 그림에 나타난 별을 모두 몇 개일까요?

12

똑똑똑반박판

선장님의 배들은 모두 똑같아 보이지만 딱 하나만 이 줄에 하나요. 어느 것일까요?

G 57
F
E 57
D 57
C 57
B 57
A 57

3

수중 게임

수영이 서툴다고 걱정하지 마세요. 퍼즐 안드에서는 누구나 잠을 잘 수 있으니까요!

바다 밑

라리는 바다 밑바닥까지 도착했어요. 그림에서 늘 그리마에 서로 다른 여섯 곳이 있는데, 서로 다른 여섯 곳을 찾을 수 있을까요?

앗싸! 바다다.

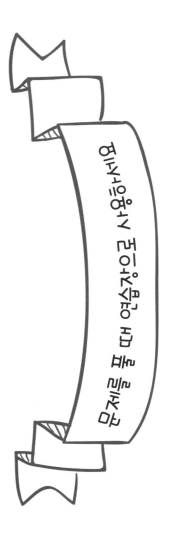

문제를 풀 때 등 영어수업은 따로 사용하세요

꿈의 시간

마술사가 도착했으니 자리에 앉아 공연을 감상합시다. 두 그림이 서로 다른 여섯 곳도 찾아보세요.

테스트 시간

파티에는 어울리지 않는 물건이 세 개 있어요. 함께 찾아볼까요?

생일 파티

찰리의 생일을 멋지게 축하해 주세요. 그리고 퍼즐들을 풀어 보세요.

머리 위에

손님들에게 잘 맞는 파티 모자를 씌워 주세요.

A B C

베스트 프렌드

찰리는 가장 친한 친구가 만든 선물을 받을 수 있어요. 이 중에서 다른 사람이 포장한 선물은?

A B C
D E F

생일 축하해, 찰리!

4

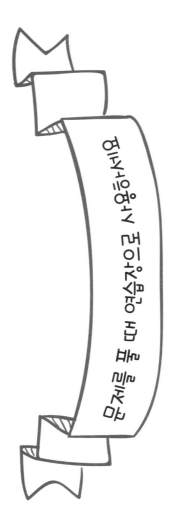

문제를 풀 때 명상으로 마음을 가다듬세요

미로 찾기

광대 징크기가 서커스 링에 갇히고 말았어요!
서커스 천막으로 가려면 미로를 빠져나가야 해요.

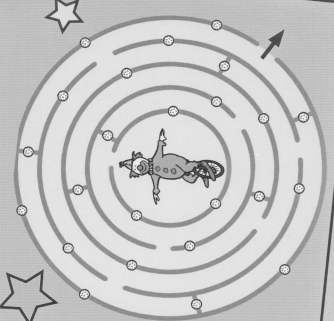

균형 잡기

광대 샤샤들이 외발자전거를 타고 묘기를 부리고 있어요. 이 중에서 똑같은 사람이 두 명 있어요. 이 둘을 찾아보세요.

A B C D E

앉으세요!

무대가 잘 보이는 좋은 자리에 앉았군요.
당신이 앉은 곳에서 아래에 보이는 장면들이 어디에 있나요?

A B C D E
1 2 3 4 5

A   B
C   D
5

서커스가 열렸어요!
어서 오세요!

범죄 파트너

광대 모조는 거의 비슷해 보이지만 아주 약간 다른 점이 있어요. 이 둘의 다른 점을 몇 군데나 찾을 수 있나요?

서커스

넌 이 어려운 퍼즐들을 풀 수 있어!
포기하지 마!

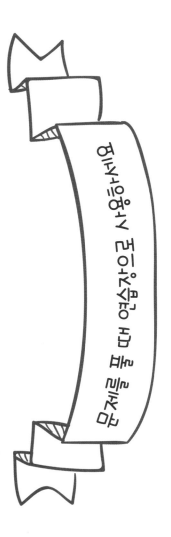

수리셈의 특징을 한눈에 알아볼 수 있도록 문제를

미술 시간

제임스는 그림 그리기 시간이에요.
두 그림이 서로 다른 여섯 곳을 찾아보세요.

음식 재료

잃어버린 준비물

조는 가방 속의 물건을 모두 꺼내놓고 정신이 없어요. 조는 가방 속에 물건을 넣는 중이에요. 보기 중에서 큰 가방에 나오지 않는 것은 무엇일까요?

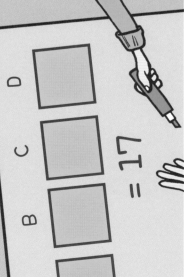

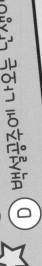

A B C D

9

느트레스

복잡한 헤리 조 물건을 세어 보세요. 다음 물건들을 세어 보고 A부터 D까지 들로 놓으세요. 모두 더해서 17이 나올 수 있도록 하세요!

A 개의 꼬리 수
B 많은 발굽 수
C 오징어의 다리 수
D 보석함고 안에 나오는 낯선 거울들의 수

A B C D

= 17

아직도 집에 가려면 멀었나요?

학교 놀이

걱정하지 말 것! 이 퍼즐은 과학 수업보다 훨씬 더 재미있으실 거예요!

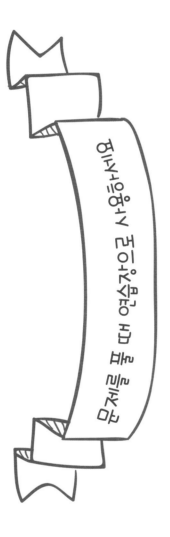

문제를 표를 때 이상있으면 손들어서 질문하세요

스케이트

레베카와 루크는 스케이트를 타러 갔어요.
스케이트 중 하나는 나머지와 다릅니다.
레베카와 루크가 신을 수 없는
스케이트는 어떤 것일까요?

A B C
D E F
G H I

친구 기다리기

레베카는 루크를 기다리고 있어요.
레베카의 방에 숨겨져 있는 맛있는
사탕을 눈치채셨나요? 모두 몇 개일까요?

그냥 쉬어!

누구에게나 휴식은 필요한 법이죠.
쉽고 재미있는 퍼즐을 풀면서 쉬어 가볼까요?

어때요? 어때요?

레베카는 루크에게 전화를 걸고 싶지만,
전화번호를 몰라요. 문제를 풀면 전화번호를 알 수 있어요.

Ⓐ 문어의 다리 수
Ⓑ 무지개의 색깔 수
Ⓒ 삼각형의 변의 수
Ⓓ 일주일의 요일의 수
Ⓔ 한 타의 개수
Ⓕ 접시의 3층 수

A B C D E F
☐ ☐ ☐ ☐ ☐ ☐

무엇을 입을까?

ajtcek   j _ _ _ _ _
serds   d _ _ _ _
crafs   s _ _ _ _
okscs   s _ _ _ _
jasen   j _ _ _ _
vogels   g _ _ _ _ _
r-tiks   s _ _ _ _

힌트: 장갑, 스카프, 양말, 재킷, 장갑, 부츠

   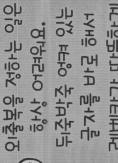

이 평온한 날이여!

7

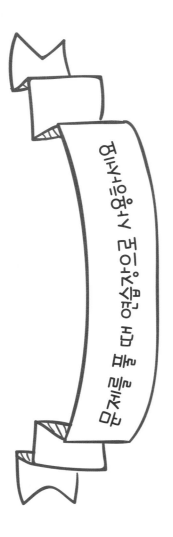

문제를 보고 따라 연습하면 사용능력이

교표

배가 고플 때는 과일을 드세요. 다음 글자들을 따라가면서 두 가지 맛있는 과일을 만들어 보세요. 글자마다 모으면 맛있는 과일을 만들 수 있어요.

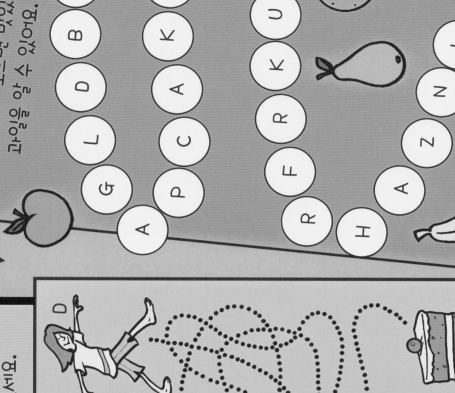

J B D G L G
C A K J A P
E U K R F R
T L N Z A H

테스트 시간

'맛있어 보인다!' 엠마와 폴라, 코라, 다이아나는 어떤 음식을 고르는지 따라가며 줄을 만들어 보세요. 엠마와 폴라, 코라, 다이아나는 어떤 음식을 고를까요?

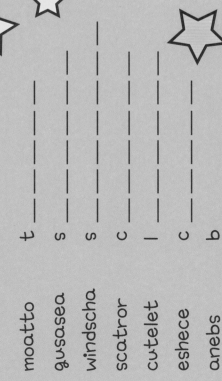

A B C D

점심 시간

잠시 쉬면서 이 퍼즐들을 즐겨 보세요.

단어 목록

자음 보기 전에 두루주박주 섞여 있는 음식 이름들을 먼저부터 정리해 보아요?

moatto	t _ _ _ _ _
gusasea	s _ _ _ _ _
windscha	s _ _ _ _ _
scatror	c _ _ _ _ _
cutelet	l _ _ _ _ _
eshece	c _ _ _ _ _
anebs	b _ _ _ _

토마토, 소시지, 샌드위치, 당근, 상추, 치즈, 콩

8회 1

응, 피자 냄새가 나는구나.
다른 피자는 어느 것일까요?

E F A B C G D H

열심히 일한 뒤 먹는 즐거운 만찬!

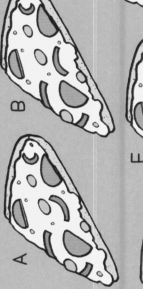

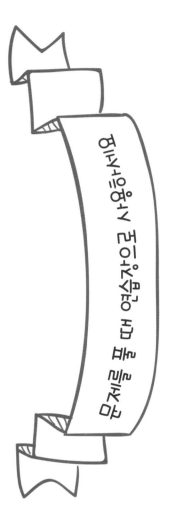

문제를 표로 따라 여러가지문으 사용능력서

꽃의 힘

메리가 가장 좋아하는 꽃은 무엇일까요? 두 번째 글자마다 모으면 알 수 있어요.

J S E U A N
O T L A F S
H W R E U R

아름다운 꽃들이

메리가 심은 이 화분 중에서 똑같은 두 개를 찾아보세요.

A B C
D E F

도와 주기

물은 정원을 아름답게 하는 메리를 돕고 있어요. 물을 다른 열 곳을 찾아보세요.

9

메리, 메리

부지런한 메리야, 퍼즐 정원은 잘 자라고 있니?

청소 시간

메리가 낙엽을 다 청소해야 해요! 다음 중 빈곳에 들어갈 퍼즐 조각은 어느 것일까요?

A
B
C

이 퍼즐은 사랑스럽게 꽃필지에요!

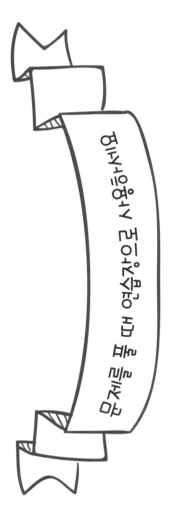

문제를 풀 때 앉아있으면 사용해봐세요

꼼짝 꼼짝

케이트는 밤을 따뜻하게 해 줄 양말을 찾고 있어요. 똑같은 두 켤레의 양말은 어느 것일까요?

빙상 위에 댄스

케이트가 친구와 등과 함께 재미있게 놀고 있어요. 빈 곳에 들어갈 퍼즐 조각은 어느 것일까요?

눈 속의 축제

밖에 나가기 힘든 날에 꼭 즐기는 퍼즐들 풀면서 재미있게 놀아요!

스케이트 스타

케이트가 엄마나 얼마나 스케이트를 잘 타는지 보세요! 두 그림 줄에 서로 다른 여섯 곳을 찾아보세요.

썰매 타기

후이이! 케이트와 친구들이 신나게 썰매를 타고 있어요! 다음 중 케이트가 지나가지 않은 바닷길은 어느 것일까요?

화성인은 항상 춤지.

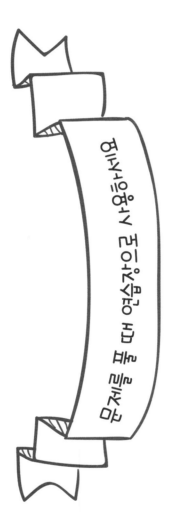

세계 여행

이제부터 재미있는 퍼즐을 풀며
여행을 떠나요!

목적지

어디로 가고 싶은가요? 다음 여행에 무엇을 챙겨야 할까요? 여러분이 가고 싶은 곳을 고르세요.

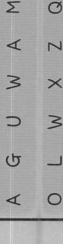
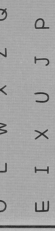
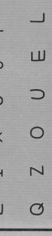
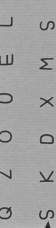

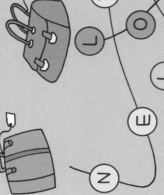

A · B · Y · E · R · D · N · K
L · O · R · K
W · I · N
E · L · E · T · I · O
N · O · N

```
P  G  W  H  L  W  T  Q  P  S
L  T  N  W  X  Z  Q  O  U  X
E  P  J  X  Z  V  A  E  C  D
U  J  U  Q  M  L  R  J  K  S
O  X  W  A  W  L  Z  G  H  Z
V  C  E  O  K  R  H  O  E  C
```

→ 시작점

신호

"잘했어요. 이 단어들의 첫 글자를 차례대로 이으면 출발 장소가 나와요. 이 장소들 중 하나를 골라 여행을 떠나요."

___ 첫 번째 글자
___ 세 번째 글자
___ 여섯 번째 글자
___ 두 번째 글자

___ 첫 번째 글자
___ 세 번째 글자

뒤죽박죽

여행에서 무엇을 타고 싶은가요? 아래 단어의 순서가 뒤죽박죽 되었어요. 순서를 바로 잡아 보세요.

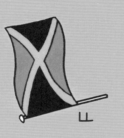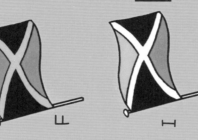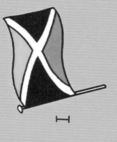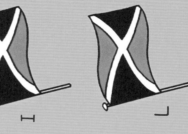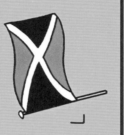

A B C
D E F
G H I
J K L

도착하다

다시 한 번 어떤 여행을 좋아하나요? 정답을 적어보세요. 문제의 답은 이 책의 맨 뒤에서 찾을 수 있어요.

자동차 ___ ___ ___
보트스트이 ___ ___ ___
포그라헨드 ___ ___
에모디아트 ___ ___
마이크로 ___ ___
수잔바 ___
헬리밥

집을 다 쌌으면 출발!

11

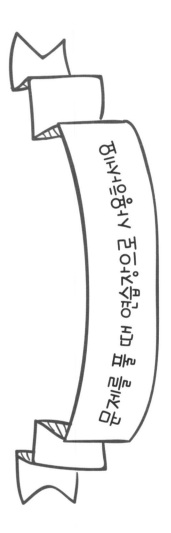

문제를 포함하고 있는 생활 속에서 수학의 필요성을 느끼게 하는

행운의 숫자

문제의 양쪽 끝 물건, 안나가 작은 행운의 숫자를 알 수 있어요.

A 한 시간은 몇 분으로 이루어져 있나요?

B 사우잉은 모두 머것인가요?

C 축구팀 선수는 몇 명일까요?

D 세계에서 물개사이는 몇 개일까요?

A B C D

해변의 휴식

안나는 크루즈를 타고 수많은 이곳의 해변을 갈 가세요. 그림에 숨어 있는 열두 개의 빠져나온 것은 찾아보세요.

폭 나게

폭 나게 여행하실 시간이에요. 짐을 떠나갈 때 빠째서 두 마리의 애완동물은 숨어 있으니 다른 한 가지를 찾을 수 있을까요?

복 권 당 첨

빠빠라빠빠! 안나가 복권에 당첨됐대요! 안나는 상금으로 무엇을 할까요?

크루즈 여행

안나는 제일 먼저 크루즈 여행을 하고 싶대요. 그렇지만 퍼즐 조각은 어느 것일까요? 빈 자리에 들어갈 바다에 어느 것일까요?

A B C

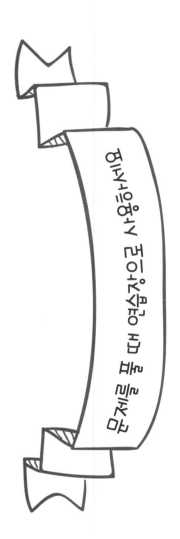

문제를 또 틀린 이유를 생각해봐

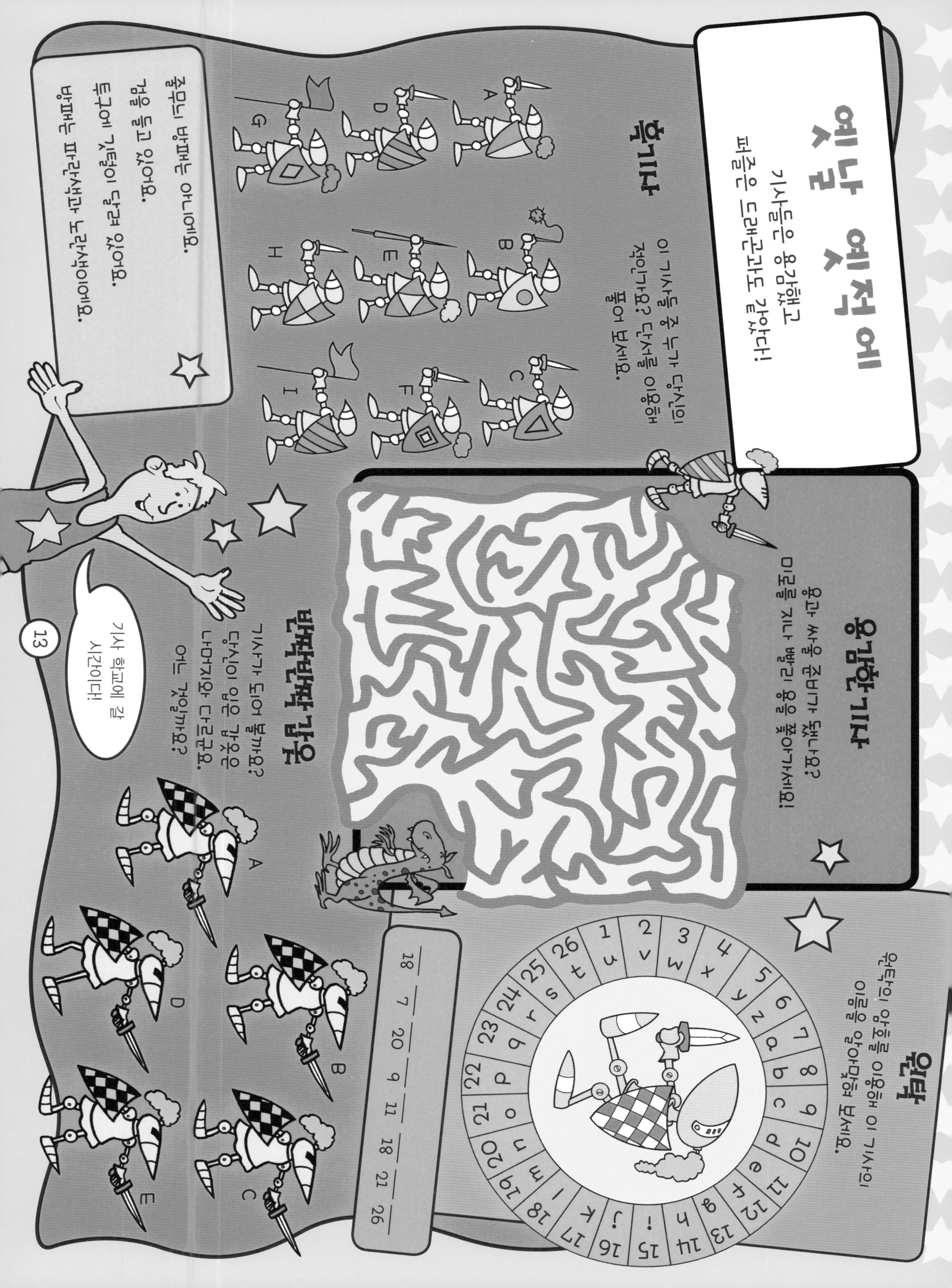

예리한 예리 첫

기사들은 용감했고
파즐은 드래곤과도 잘 싸운다!

흑기사

이 기사들 중 누가 다시의
짝인가요? 다시를 이용해
풀어 보세요.

주문이 방패는 아니에요.
겉을 들고 있어요.
투구에 기털이 달려 있어요.
방패는 파란색만 노란색이에요.

기사 학교에 갈
시간이네!

용감한 기사

용과 싸움 준비가 됐나요?
미로를 지나 빼르리 용을 물
리쳐서니야이요?

안짝빠짝 기사

기사들이 셋씩 있어요.
단짝이 아닌 것을
찾아보세요. 단짝이
아닌 기사는 무슨
색인가요?

암탐

옥탐이 안을 이용해 이 기사님이
이름을 알아맞춰 보세요.

18 7 20 9 11 18 21 26

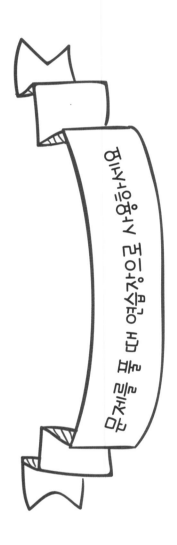

문제를 풀 때 유용한 영어 표현들을 알아봅시다

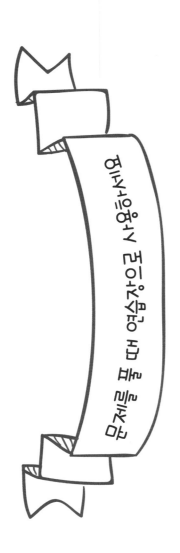

문제를 포함한 아웃상의 단어들을 생각해봐

신나게 연주해!

기타 줄 하나가 다른 것은? 답을 찾아 피망을 연주해 봐, 그리고 신나게 연주해!

A B
C D
E F

암호 풀기

앞에 나온 암호로 풀어 봐, 밴드 이름이 뭐야?

___ ___ ___ ___
21 18 18 19

___ ___ ___
7 20 10

___ ___ ___ ___
24 21 9 17

공연 합시다!

이 밴드에서 연주자들이 다 준비됐어. 무대 뒤 꼬불꼬불한 전선을 따라가서 누가 마이크, 기타, 드럼을 치러 가는지 알아맞혀 봐!

조지   매트   리즈

밴드 팬을 찾아내!

두 그림에서 다른 곳 10군데를 찾아내 봐.

우리는 밴드다!

밴드에서 연주할 악기 이름을 아래에 써 봐!

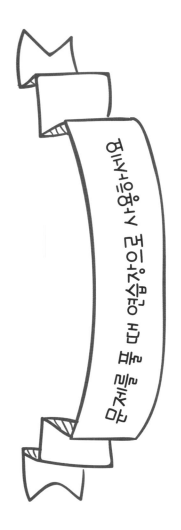

문제를 풀 때 늘 염두에 두어라 사용능력을

쇼 피 여행

쇼 피 여행
이하이! 마음껏 지칠 때까지 쇼핑합시다!

색깔 가게
첫 번째 가게에는 눈부시게 다채로운 가지각색 잔뜩!
A 오렌지색이나 빨간색 수
B 까미의 다리의 수
C 보라색의 빨간점 수
D 옥색 펌의 수

(A) (B) (C) (D)

A B C D
□ □ □ □

웃리움 상난감가게
장난감가게에 들어가 볼까요?
보기 중 큰 그림에 나오는 조각을 찾아보세요.

	1	2	3	4	5
A					
B					
C					
D					
E					

(A) (B)
(C) (D)

쇼핑은 언제나 즐거워!

뼈다귀 경주
이 가게서 무언가 달콤한 것이 좋아해요.
알파벳 글자들을 ABC순서에 따라 차례로 케이크 조각을 따라가면 강아지가 좋아하는 것을 알 수 있어요.

A B O
M R
M O F W
Z I L N K
E D H O
S

★ ★ ★

신발 속에
마음에 들든 안 들든 누구나 신발을 사야 해요.
두루뭉술 섞인 글자를 알맞게 배열해서 어떤 신발 타입인지 맞춰 보세요.

toslitest s _____
Pilpress s _____
spilferp f _____
golcs c _____
danlass s _____
tobos b _____

땅조, 부츠, 샌들, 나막신, 단화, 슬리퍼, 플립플롭

16

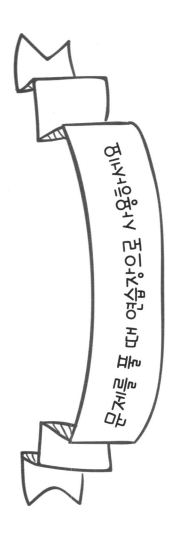

문제를 풀 때 활용할 수 있는 활용들은

다음은 몇 개?

두 번째 글자마다 모으면 에이미와 리가 다음에 탈 놀이기구를 알 수 있어요!

내 이름 또 뭐일까요?

범퍼카

서둘러요! 에이미와 리가 범퍼카를 타며 즐겁게 놀고 있어요. 보기 중에서 빠진 퍼즐 조각은 어느 것일까요?

A   B   C

뒤죽박죽

놀이기구를 탔더니 어지럽죠? 다음 중 똑같은 놀이기구 그림 두 개를 찾아보세요.

A   B   C   D   E

휴게소에서

아이들이 음료수랑 군것질도 사고, 놀이기구도 타고 즐겁게 즐겨요!

고리 던지기

아이들이 고리를 던지고 있군요. 누가 어떤 상품을 타는지 알아볼까요?

A   B   C   D

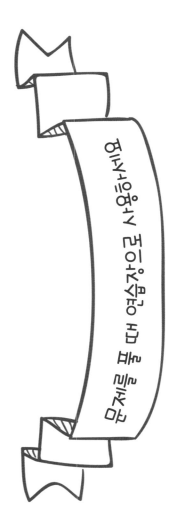

문제를 풀 때 어떻게 해야 할까요?

계단이

미로를 지나 우다이의 웅덩이의 계단를 찾아갈까요?

해변의 S

S로 시작되는 물건을 해변에서 모두 찾아보세요. 몇 개나 찾았나요?

쌍둥이 테스트

레고와 아이비에게는 친구가 아주 많아요. 스쿨링에 함께 간 친구 중 쌍둥이 애니와 에린은 누구인가요?

A B C D E F G H I

바닷가에서

레고와 아이비가 바닷가에서 재미있게 놀 수 있도록 도와주세요.

보물찾기

글자 안에서 레고의 보물들을 찾아보세요. 가로 세로로 모두 많아요.

```
C R O C K P O O L
G J O C K L E S
D B K A F Q E I E
S U R F I N G P A
H C O L B R E T W
A K M W A V E S E
B E S H E L L S E
S T A R F I S H D
S P A D E C R A B
```

SURFING
SPADE
SEAWEED
CRAB
ROCKPOOL

BUCKET
SHELLS
STARFISH
COCKLES
WAVES

우리는 해변을 좋아해.

18

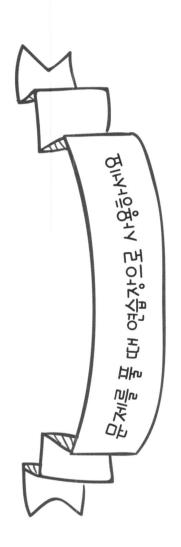

문제들 포 들 어떻옷을교 서상이듄군 서울등옹세

자연의 엄마

재미있는 퍼즐 모양을 그려 보세요. 동식물을 추가해요. 어린이에게 나와 있는 글자를 이용해서 짧은 단어를 만드는 거예요. 몇 개나 만들 수 있나요?

*모양을 자르세요.

MOTHER NATURE

Team _____

스냅

음, 뭔가 아주 약간 이상하네요. 그림에서 이상한 네 가지를 찾아보세요.

동물 찾기

에머리카가 재웅 찾고 있어요. 재웅 어느 나무에 숨어 있을까요? 힌트를 이용해서 어느 나무인지 맞혀보세요.

재웅 나무의 맨 꼭대기에 있어요.

나무에는 사과나 배가 없어요.

나무에 다람쥐는 없어요.

캠핑 가는 길

재웅 가족은 캠핑을 떠나요. 숲 속에서 곧장 가는 길 재웅이네를 따라가면 돼요.

폭풍 속 캠핑

텐트에 지읒 들을 풀고 편히 앉아 문제를 풀어 보아요?

비가 오지 않아야 할 텐데.

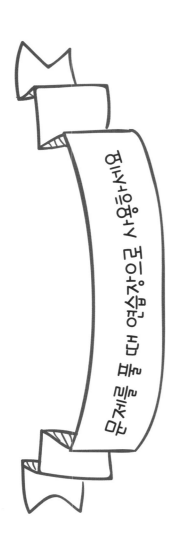

헬로 해적!

해적이 바다를 누비려고 당신의 도움을 주려고 있어요. 다음 중 유쾌하고 누구세요? 쉬 보려는 다음 해적들과 아주 약간 다르게 생겼어요.

A B C
D E F
G H I

진짜 악당에게

조각조각 선이 그려진 해적들이 아이템을 쥐어보면서 바다를 누비며 진짜 악당이 되었으려고 있어요. 이 물건들이 무엇인지 알아보세요.

_____
_____
_____
_____
_____
_____

보물찾기

딱속 깊이 묻어둔 보물을 찾았습니다! 두 그림에서 서로 다른 여섯 곳은 안에 어디일까요? 시간이 없어요. 해적들이 찾아오고 있거든요.

해적의 삶이란 얼마나 멋진가!

오싹오싹

해적 피라노세도 표류 중이에요. 미로를 빠져나가면서 작은 섬에 아저씨한테 도착할 수 있어요.

해적이다

퍼즐을 풀어 구겨놓은 해적을 따라드리세요.

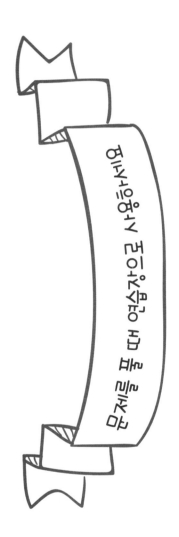

마이크 미로

마이크네 가족이 캠핑카를 잃어버렸어요.
캠핑카를 찾아서 미로 속으로 출발!

황당 코스

스키장 슬로프에 아래마의 모습이 보여요.
보기 중에서 큰 그림에 없는 조각은
어느 것일까요?

| A | B | C | D |

오른쪽 그림자 중에서
이 사진과 똑같은
것을 고르세요.

정답

21

알파인 어드벤처

이 스키장으로 여행을 온 사람
누구일까요? 스키복을 입고 온 사람 모두
찾아보세요.

여행 가방을 써요

누구나 여행을 좋아하죠.
잠시라면 이 멈추고 함께 즐겨요.

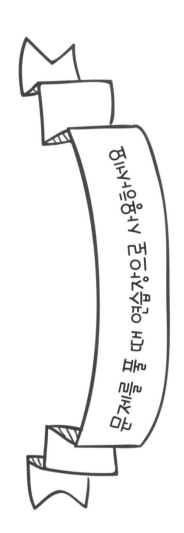

문제를 풀 때 명심해야 할 것들 상황들을여서

요정의 그림자

다음 요정의 그림자는 어느 것일까요? 그림자 속에 숨어 있는 진짜 멋진 요정을 찾아보세요.

A B C D E F

해적의 해적

싸움이 붙었네. 페드로와 파블로가 해적선 보물을 입고 파티에 왔어요. 서로 다른 여섯 가지 모습을 찾아보세요.

웃긴 사자

엄마나 멋진 의상이지 한 줄을 보세요! 그런데 나머지와 아주 똑같지 않은 다른 의상이 있어요? 몇 개일까요?

A B C D E F G H

나는 가장무도회가 좋아

파티에 오세요!

가장무도회 둘레에 돌대 바이어! 멋진 파티 의상이 필요해.

가장무도회

가장무도회 옷을 구하기에는 크레이지데이 코스튬숍이 제일운 중 얼마나 많은 옷을 더하고 많은 것일까지가! 옆으로 ...

CRAZY DAYS
COSTUME SHOP

Name

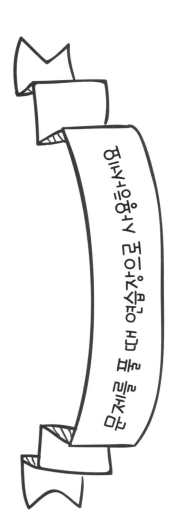

문제를 표로 들이 상담유형은 예상보다 더 다양했다

너무 많아

부엌에 엄마가 많이 왔어요! 너무나 많이 있잖아요. 요리사가 줄 나머지와 다른 요리사를 찾아보세요.

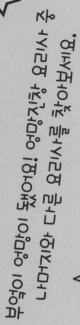

A B C
D E F
G H

필수 재료

```
P E P P E R S H C
C I N N A M O N H
M W Z B M D E J I
I L S A L T D G V
N E C S J S Q I E
T L J I   W F N J
C D I L L B H G Q
M U S T A R D E O
D G A R L I C R X
```

PEPPER CHIVE SALT
MINT DILL MUSTARD
CINNAMON GARLIC
GINGER BASIL

양념을 넣지 않으면 음식을 맛있게 만들 수 없어요. 아래에 나와 있는 양념은 사진 속에 어디에 숨어 있을까요?

만들 만들 있지?

부엌에는 엄마나 돕고 있나요? 무엇을 만들고 볼까요? 자신이 아는 것으로 맘껏 만들어 보세요.

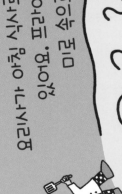

거대한 아침

요리사가 아침 식사로 튀기려면 하고 있어요. 맛있는 프라이팬을 찾아 미로 속으로 오세요.

비밀

```
C W H M L D S
I U K P W V L
G J T L Q Z I
Q Z H Y S K W
X V A J Q I R
S E Q X A Z M
W K G T Z K W
```

시작 →

지금 요리사에게 비밀 요리법이 있어요. 그 비밀은 무엇일까요? 다음 순서대로 글자를 찾으면 답이 나와요.

시작에서 북으로 1칸째
북쪽으로 6칸째
북쪽에서 내려와 3칸째
동쪽으로 2칸째
시작에서 동으로 5칸째

_ _ _ _ _

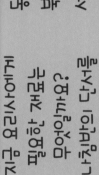

배고픈 자는 누구? 바로 나!

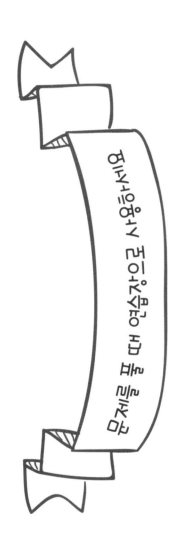

문제를 풀 때 활용하면 좋은 생각의 순서를

왕관 찾기

★
애나들 엣저이에 해리 왕이 왕관을 잃어버렸대요. 왕관을 찾아가야 한대요. 미로를 지나가며 길을 찾아야 해요.

애날에 왕이 되다는 건 참 멋진 일이었는데...

왕과 왕비

왕
옷에 있은 등빨듯한 부리에요. 서로 다른 여섯 곳을 찾으세요.

애날 엣것에

왕관 섬이 있던 애날 엣것으로 시간여행을 떠나요!

내 팅이 회고

이 안에 가나 끄므아... 글자를 맞추어서 다리로 바르게 배열해 보세요. 모두 아날까나래이 단어예요?

sprecins   p _ _ _ _ _ _ _
gink   k _ _ _
gardon   d _ _ _ _ _
galf   f _ _ _
woter   t _ _ _ _
justgoin   j _ _ _ _ _ _ _
toam   m _ _ _ _
nonedug   d _ _ _ _ _ _ _

아날까나래이 여행

왕과 시동들이 개죽하라 옆회에 어리고대드이 자또 있어요. 나머지와 다른 파나든누 구이가요?

A   B   C   D   E

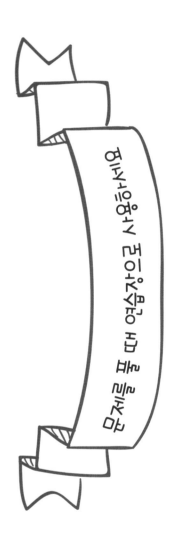

문제를 풀 때 명심해야 할 여덟 가지 수학 문장

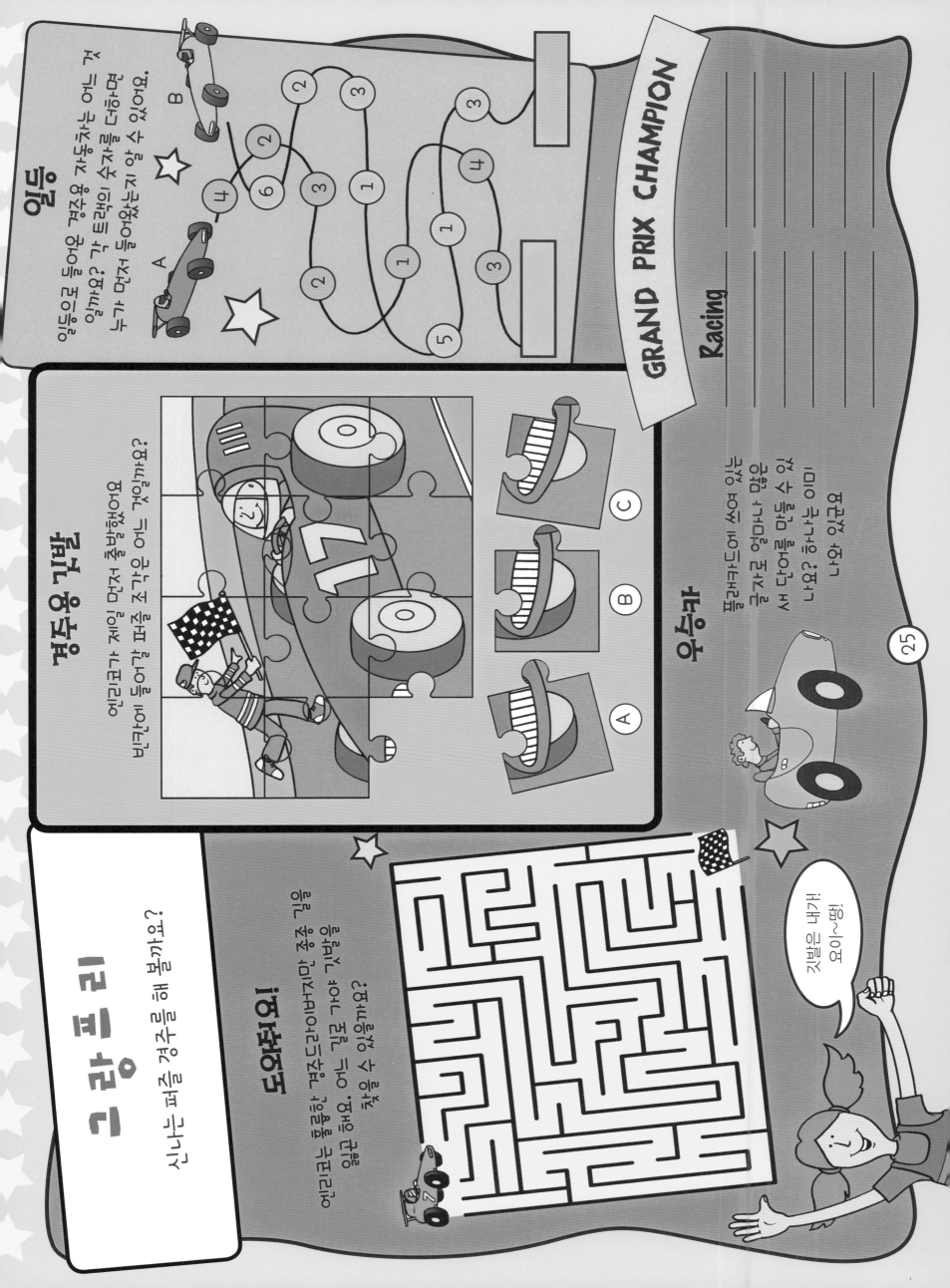

잇기

이 트랙으로 들어와 경주용 자동차로 가는 어느 것입니까? 트랙의 숫자를 따라가면 누가 먼저 들어왔는지 알 수 있어요.

A
B

GRAND PRIX CHAMPION

Racing

퍼즐용 기발

어린꼬마가 제일 먼저 들어왔어요 빈칸에 들어갈 퍼즐 조각은 어느 것입니까?

A
B
C

우승차

포디카드에 쓰여 있는 글자를 새 단어로 많이 만들어 볼 수 있나요? 하나의 단어는 이미 나와 있어요.

그랑프리

신나는 퍼즐 경주를 해 볼까요?

도와줘요!

어린꼬마는 경주로드레이스에서 선두를 달리고 있어요. 결승선을 통과할 수 있나요?

지발은 내게!

25

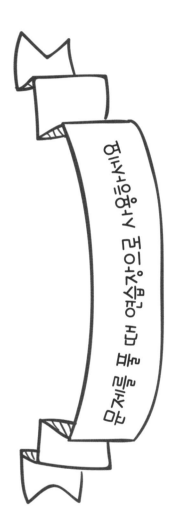

문제를 표로 따라 앞으로 용이한 해결방안을 찾아봅시다

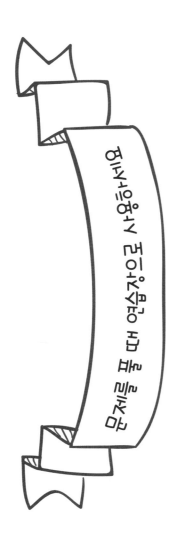

오색찬란 문제를 통과 이야기속으로 성장하세요

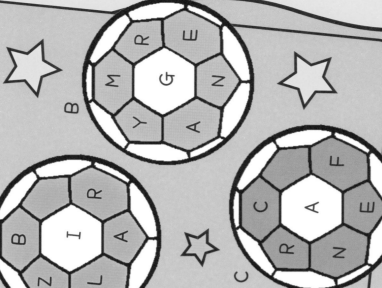

뒤죽박죽 축구

각 축구공에 새겨진 글자를 이용해 월드컵에서 우승한 세 나라의 이름을 맞혀 보세요.

새의 골인

새가 두 번째 골을 넣었어요. 그런데 누가 골인이 넣는 모든 골을 막아 낼 수 있나요? 과연 막을 수 있을까요?

팀 고르기

선수들이 거기 거기 줄이에요. 나머지와 다른 세 선수를 찾아보세요.

골든 우승자

슛을 해서 점수를 내 보세요.
안 그러면 페널티킥가 부고돼요!

고오오오올인!!

마지막 드것을 했어요! 빈곳에 들어갈 조각을 찾아 퍼즐을 완성하세요.

응원하는 관중도 멋져요.

27

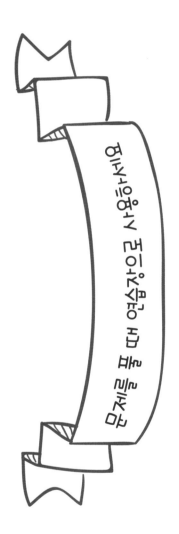

문제를 풀 때 예상되는 어려움을 생각해봐요

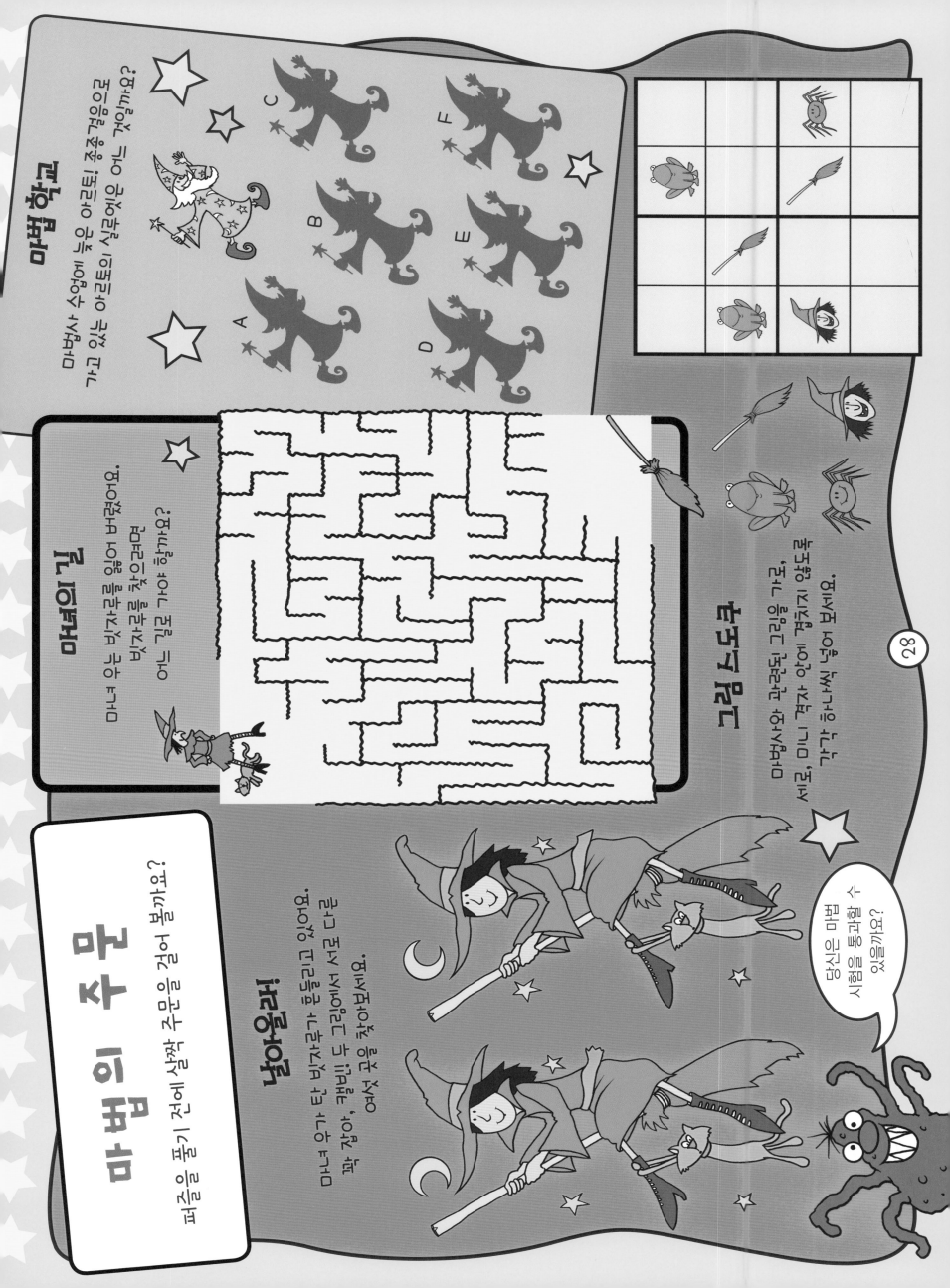

마법 학교

마법사 수업에 늦은 아르토! 종종걸음으로
가고 있는 아르토의 실루엣은 어느 것일까요?

A B C
D E F

그림자놀이

마녀 우라가 빗자루 연습을 하고 있어요.
비치는 그림자랑 똑같은 것이
하나 있어요, 어느 것일까요?

미로찾기

마녀 우라가 빗자루를 잃어버렸어요.
빗자루를 찾을 수 있도록 도와주세요.

낱말풀이

마녀 우라가 타고 빗자루가 둥둥 떠다니고 있어요.
빈칸에 그림이름을 적고, '마, 법, 주, 문'
모두 모은 철자를 찾아보세요.

마법의 주문

마법을 풀기 전에 살짝 주문을 주어 볼까요?
퍼즐을 풀어보세요

당신은 통과할 수
있나요?

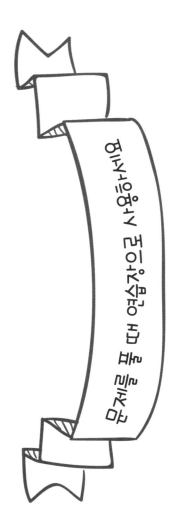

석기시대

석기시대에는 공룡이 사라지고 있었을까요? 등장했어요! 원시인이 친구를 만날 수 있도록 무거운 돌을 함께 굴려 주어 보아요.

퍼즐이 딱 맞도록

빈곳에 알맞는 조각을 찾아 재미있어요. 느릿느릿 지소파르를 완성해 보세요.

A
B
C

과거 속으로

과거로 돌아가 예날엔 어땠는지 알아볼까요?

얼마나 더 많아요.

다음 공룡들은 신기하게 비슷하지만 조금씩 달라요. 가장 많이 닮은 둘은 몇 번인가요?

A
B
C
D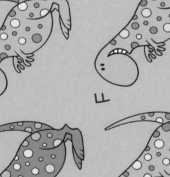
E
F
G
H
I

글자 꼭지

누가 단어 열쇠에 숨어 있었군요? 짓고? 아니면 저기 저? 글자마다 적어 보면 누군지 알 수 있어요.

시간여행을 할 수 있다면 좋을 텐데.

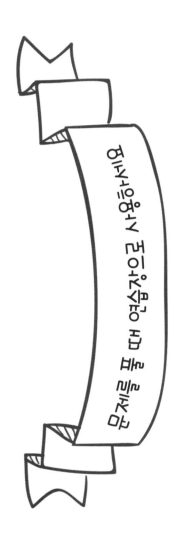

문제를 풀 때 늘 명심해야 할 것으로 내용을 삼으세요

장애물 경기

가 레이스의 숫자를 더하면 어느 선수가 장애물 경기에서 우승했는지 알 수 있어요. 제일 먼저 들어온 사람은 누구일까요?

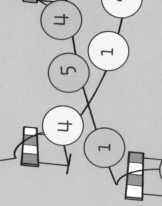
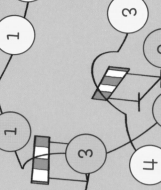
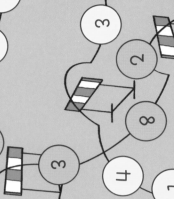
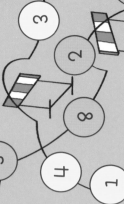
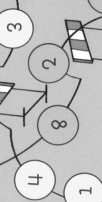

A
B

AEPDL P _ _ _ _
SEHWEL W _ _ _ _ _
EDASDL S _ _ _ _ _
SHILGT L _ _ _ _
MRFAE F _ _ _ _
IHCAN C _ _ _ _

페달, 이어폰, 핸들, 짐대, 안장, 바퀴, 바구니, 자물쇠

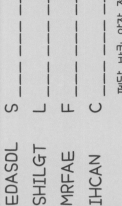

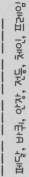
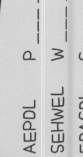
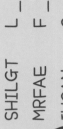

30

카누 탈출

급류타기 경주에서 누가 초반이긴 조코인지 겨루고 있어요. 빈칸에 들어갈 퍼즐 조각은 어느 것일까요?

A
B
C

페달 파워

올림픽 자전거 선수가 두 주 박자 속인 글자에서 자전거의 삭인 글자에서 자전거의 여섯 부분을 찾을 수 있도록 도와주세요.

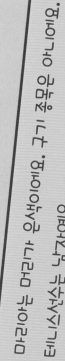

유 림 피 영 웅 팀 비

파즐드들 올리미 퍼즐 게임을 완성하세요.

그메달을 향해 스타트!

생각해세요

누가 어느 것을 사용할까요? 다섯 것을 찾을 수 있어요.

A
B
C
D

마리아는 머리가 운셔이에요. 구기 종목은 아니에요.
테니스선수는 남자에요.
안드레는 공을 구해 해요.
카타리나와 크리스티나는 금발머리에요.

우승자는 포둠에 올라서 주세요! 바로 당신 말이에요!

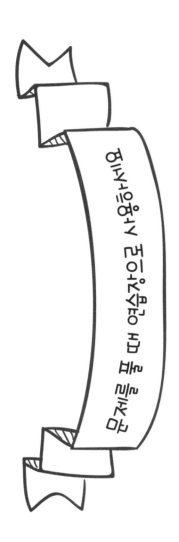

문제를 풀며 머릿속으로 상상해보세요

정답

2 은하계 올림픽

숫자 게임
1969

우주 레이스
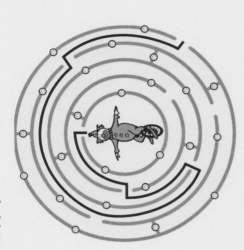

로켓 발사
ROCKET, COMET, PLANET, METEOR, ASTEROID, TELESCOPE (로켓, 혜성, 행성, 유성, 소행성, 망원경)
C, E, I, K

우주 게임
ROCKET, COMET, PLANET, METEOR, ASTEROID, TELESCOPE (로켓, 혜성, 행성, 유성, 소행성, 망원경)

3 수중게임

바다 밑

별 찾기
8

다이빙하는 날
우리발과 연결된 것은 A.
잠수화의 주인은 C.

---

4 생일 파티

머리 위에
A의 머리에는 마법사의 모자
B의 머리에는 해적 모자
C의 머리에는 왕관

테스트 시간
양쪽 하나가 거꾸로 있어요.
찰리는 뿔테안경잠 한 짝만 끼고 있어요.
오른쪽 선물 위에 빼다귀가 있어요.

공연 시간

베스트 프렌드
D

5 서커스

범죄 파트너
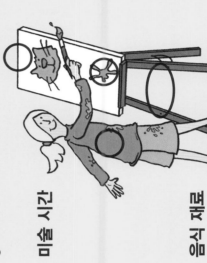

뒤죽박죽 선착장
D

친구 기다리기

스케이트
F

무엇을 입을까?
JACKET, DRESS, SCARF, SOCKS, JEANS, GLOVES, SKIRT (자켓, 드레스, 스카프, 양말, 바지, 장갑, 치마)

8 점심시간

장보기 목록
TOMATO, SAUSAGE, SANDWICH, CARROTS, LETTUCE, CHEESE, BEANS (토마토, 소시지, 샌드위치, 당근, 상추, 치즈, 콩)

테스트 시간
알렉스는 피자
벨라는 케이크
코너는 바나나
다이시는 샌드위치

미술 시간

음식 재료
소시지

과일
BLACKCURRANT(까치밥나무)

앉으세요!
A = 2B　　B = 3C
C = 5A　　D = 2D

미로 찾기

균형 잡기
B와 E

6 학교놀이

스트레스
1, 4, 5, 7

잃어버린 점심값
C

8분의 1
B

9 메리, 메리
청소 시간
C

꼼짝꼼짝
B와 E
썰매타기
B

11 세계 여행
도와주다
비행기, 잠수함, 바이시클, 모터사이클, 헬리콥터, 스케이트 보드, 자동차
펄럭펄럭
F와 G
목적지
NEW YORK, LONDON, BERLIN (뉴욕, 런던, 바를린)
환전
DOLLAR (딜러)

꽃의 힘
SUNFLOWER(해바라기)
아름다운 꽃송이
C와 E

10 눈 속의 즐거움
스케이트 스타

해변의 휴식

빙상 위의 댄스
A

행운의 숫자
60, 30, 11, 7
톰 나게
LIMOUSINE (리무진)

13 옛날 옛적에
흑기사
A
용감한 기사

원탁
LANCELOT (란슬롯)
반짝반짝 갑옷
D

14 푸른 하늘
발사
5653
조감도

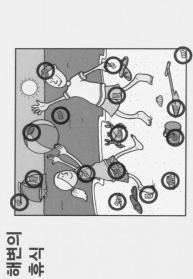

하늘에서
RAINBOW (무지개)
표류
B

15 우리는 밴드다!
점핑 잭 플래시

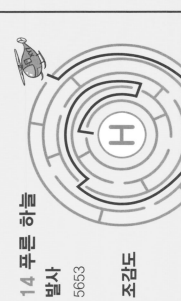

공연 합시다!
C
신나게 연주해!
D
연주 목록
ROCK AND ROLL

16 쇼핑 여행
사탕 가게
1846

장난감은 우리의 것
A = 2C   B = 4C
C = 3A   D = 2D

신발 쇼핑
STILETTOS, SLIPPERS, FLIPPERS, CLOGS, SANDALS, BOOTS
(뾰족구두, 슬리퍼, 오리발, 나막신, 샌들, 부츠)

마이크의 미로

서핑
C D

22 파티에 오세요!
가장 무도회
여기 있는 단어 외에도 만들어 보세요.
ZOO, MOUSE, MUST, STAMP, ROAD, DOOR, MOODY, TRASH, ZOOM, YARD, SPOT, MUD

한 쌍의 해적

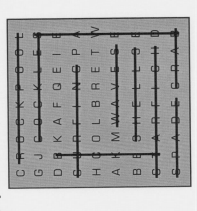

셜리의 그림자
D

원시인 의상
G

---

20 해적이다!
움직달싹

보물찾기

헬로 캠핀!
F

진흙탕에서
금은보화, 갈레온선, 앵무새, 망원경, 거인이.
애꾸안대, 해적모자.

21 가방을 싸요!
알파인 어드벤처

황강 코스
B

빵가게 오븐
BROWNIES (브라우니)

17 축제에서
고리던지기
A는 전화기   B는 시계
C는 라디오   D는 카메라

범퍼 카
C

다음은 뭘까?
TENPIN BOWLING(볼링)

빙글빙글
A와 D

18 바닷가에서
보물찾기

```
C R O C K P O O L
G J C O C K L E
D B K A F Q E I E
H G O L B R E T V
A K M W A V E S E
B E S H E L L E B
S A R F I C D
S P A D E G R A
```

해변의 S
많이 있어요. 설마 16개보다 더 보이나요?

SEVEN, SAIL, SAILING BOAT, SEA, SAND, SEAGULLS, SURF, SWIMMER, SHORE, SUN, SEASHELL, SANDCASTLE, SPADE, SHIRT, SKIRT, SHORTS

개잡이

쌍둥이 테스트
F I

19 즐거운 캠핑
캠핑 가는 길

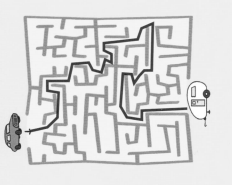

캠핑
계울이 아닌데 밤에 눈사람이 있고, 여자아이는 프라이펜으로 프리스비를 하고 있어요. 농장에 낙타가 있고, 나무에 물고기가 달려 있어요.

자연의 언어
여기 있는 단어 외에도 만들어 보세요.
NUT, ROT, TENT, OTTER, TURN, RUN, TRUE, TORN, TOUR, TURRET, TREE, HURT

숨바꼭질
I

23 뭘 만들고 있지?
거대한 아침

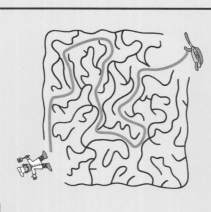

필수 재료
GARLIC

너무 많아
E

시식

24 옛날 옛적에
내 집이 최고
PRINCESS, KING, DRAGON, FLAG, TOWER,
JOUSTING, MOAT, DUNGEON (공주, 왕,
드래곤, 깃발, 탑, 마상 경기, 해자, 감옥)

왕궁

왕관찾기

익살꾸러기
어릿광대
C

25 그랑프리
도와줘요!

경주용 깃발
B

일등
A = 4 + 2 + 3 + 2 + 1 + 4 + 3 = 19
B = 6 + 2 + 3 + 1 + 5 + 1 + 3 = 21
A가 먼저 들어왔어요.

우승가
여기 있는 단어 외에도 만들어 보세요.
ACHING, MIX, DRIP, CHIRP, ARCH, CHAIR,
RING, GRAPH, CORN, PAN, PORCH, HARP

26 농장 퍼즐
발일
D

왕왕
10

트랙터를 탄 테드
B

수학기
F

27 월드컵 우승자
고오오오올인!
C

생의 골인
15

뒤죽박죽 축구
A는 BRAZIL (브라질)
B는 GERMANY (독일)
C는 FRANCE (프랑스)

팀 라인업
D, F, H

28 마법의 주문.
날아올라!

마녀의 길

마법 학교
F

그림 스도쿠

29 과거 속으로
더블이에요. 더블
E와 I

쥐라기 직소퍼즐
A

석기시대

숨바꼭질
TYRANNOSAURUS
(티라노 사우루스)

30 올림픽 경기
생활체육
A는 카타리나, 하키 B는 안드레, 농구
C는 크리스티아노, 테니스 D는 마리아, 양궁

카누 슬랄롬
C

장애물 경기
A = 4 + 1 + 2 + 1 + 3 + 4 + 1 = 16
B = 4 + 5 + 1 + 3 + 8 + 2 + 2 = 25
A가 먼저 들어왔어요.

페달 파워
PEDAL, WHEELS, SADDLE, LIGHTS,
FRAME, CHAIN (페달, 바퀴, 안장, 전등, 프레임,
체인)